ZÖPFE &
FLECHTFRISUREN

Zauberhafte Haartrends für Mädchen

Maite Jaspers

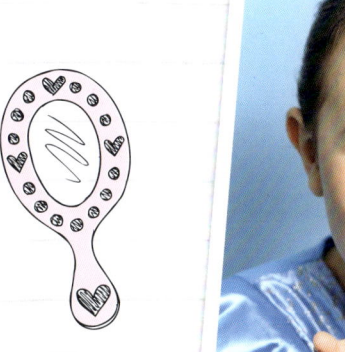

INHALT

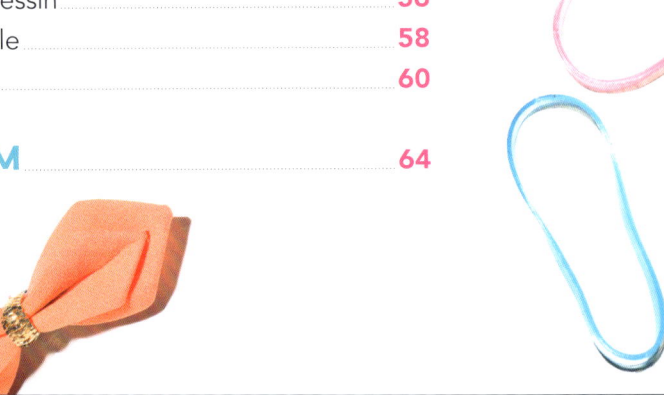

STRAHLEN WIE EINE PRINZESSIN

Wer kennt sie nicht, die zauberhaften Disney-Prinzessinnen, die mit ihrem perfekten Lächeln, wunderschönen Ballkleidern und tollen, langen Haaren über den Bildschirm tänzeln. Prinzessinnen, die immer genau zum richtigen Zeitpunkt – ach, welch ein Zufall! – ihrem Traumprinzen auf seinem weißen Pferd begegnen. Wie durch ein Wunder sitzt trotz wildesten Abenteuern die Frisur immer perfekt. Ach, wie herrlich ist doch die schöne Märchenwelt! :-)

Liebe Mamas (und Papas), mit diesem Buch möchte ich meine Liebe zu schönen Zöpfen und Frisuren an euch und eure kleine(n) Prinzessin(nen) weitergeben!
Ich hoffe von ganzem Herzen, dass diese märchenhaften Frisuren euch genauso verzaubern, wie sie uns verzaubert haben und ihr auch so viel Freude beim Frisieren, Verkleiden und Fotografieren habt wie wir!

Das Geheimnis dieser Frisuren liegt nicht in komplizierten, stundenlangen Anleitungen, sondern in einfach erklärten Schritt-für-Schritt Fotos und vielen hilfreichen Tipps & Tricks. Die meisten hier gezeigten Frisuren sind sogar in weniger als zehn Minuten fertig!

Die tollen Frisuren sorgen an Festen, Geburtstagen oder auch an ganz normalen Schultagen garantiert für Begeisterung!

Ich wünsche allen viel Spraß beim Frisieren!

Einen märchenhaften Gruß
von Maite

#HILFSMITTEL

Hallo Mamas, hallo kleine Prinzessinnen! Um eine echte Prinzessinnenfrisur zu gestalten, braucht man manchmal ein paar verrückte Hilfmittel. Hier beschreiben wir genau, was ihr braucht und wie es verwendet wird.

WAS BRAUCHT MAN?

Diese Sachen sind besonders gut geeignet, um ratzfatz schöne Frisuren zu zaubern!
Zu finden sind sie in jeder gut sortierten Drogerie oder beim Friseursalon um die Ecke.

In der Friseurwelt nennen wir dieses Ding **Entenschnabelclip**. Man verwendet ihn, um Haarsträhnen festzuklemmen. Besonders praktisch bei dickeren Haaren.

Das nennen wir **flache Clips**. Hast Du sehr feine Haare und möchtest die eine oder andere Haarsträhne für eine Weile feststecken, dann ist das das ideale Hilfsmittel für dich.

Solche **Schiebespangen** kann man zum Hochstecken der Haare verwenden und in diesem Buch brauchen wir sie sehr oft. Sie haben eine gewellte Oberseite, wodurch sie auch bei feinerem Haar fest sitzen. Es gibt diese Spangen in Gold, (Dunkel)braun und Schwarz. Am besten immer passend zu deiner Haarfarbe aussuchen! Bei kleineren Mädchen, die oft sehr empfindliche Haare haben, verwendet man am besten Haarnadeln.

Dies sind **Haarnadeln**. Meistens werden sie dazu benutzt, um lockere Strähnen sanft in der Frisur festzustecken. Es gibt sie meistens in Schwarz oder Silber. Die schwarzen verwendet man am besten für dunkle Haartypen und die silbernen für blonde Mädchen. Ab und zu findet man sie auch in Gold, dann passen sie besonders gut zu blonden oder hellbraunen Haartönen.

Kleine Gummibänder gibt es in Schwarz, in bunten Knallfarben oder transparent. Wir verwenden sie, um Haarsträhnen zu befestigen oder um Zöpfe zusammenzubinden. Sehr praktisch und ein absolutes Must-Have!

Dies ist eine **Abteilklammer**, oder besser gesagt, eine Haarklammer zum Abteilen. Ideal, um sehr volles Haar während des Frisierens abzuteilen oder festzuhalten. Ich verwende diese Klammer auch gerne beim Durchbürsten, Stylen oder Locken der Haare.

Den **großen Entenschnabel** kann man ebenfalls zum Feststecken der Haare verwenden. Manche Friseure benutzen lieber Abteilklammern, andere bevorzugen diesen Entenschnabel. Es macht keinen Unterschied, verwende einfach das, was für dich am besten funktioniert!

Ein **grobzinkiger Kamm**, um nasse Haare zu entwirren oder als Hilfsmittel beim Haareglätten. Am besten kann das Glätteisen dabei immer hinter dem Kamm hergeführt werden. So werden die Haare entwirrt und perfekt durch das Glätteisen geführt.

Die berühmte **Toupierbürste**! Hiermit zaubert man Volumen ins Haar. Beim Toupieren kämmt man die Haare vom Ansatz zu den Spitzen. So entsteht jede Menge Volumen an den Haarwurzeln.

Mit einem **Rattenschwanzkamm** kann man die Haare wunderbar aufteilen oder einen perfekten Scheitel ziehen.

Eine **Flachbürste** nimmt man, um trockene, spröde Haare zu glätten und zu entzausen.

Dies sind **Rundbürsten**. Welche ich am liebsten mag? Die mit der Anti-Rutsch-Schicht am Handgriff und mit härteren Borsten! Rundbürsten mit Naturborsten verwendet man am besten, um Glanz in die Haare zu zaubern.

Immer schon Lust gehabt, einmal in die Welt der Haaraccessoires, farbenfrohen Diademe, Schmetterlingspangen, Blümchen und Schleifchen einzutauchen …? Dann ist dies der Moment!

SEID IHR BEREIT?
UND LOS GEHT'S!

#EISKÖNIGINNEN

Welches Mädchen will nicht einmal aussehen wie eine funkelnde Eisprinzessin? (Notiz an die Mama: Möglichst viele Glitzerpailletten, damit alles richtig schön schimmert! ;-))

KLEINE EISPRINZESSIN

BASIC-LOOK

Model: Anna-Mae
Dauer: 10 Minuten

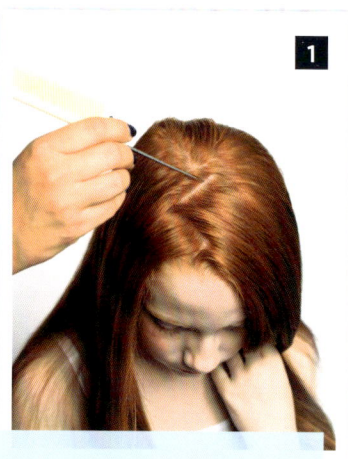

1

Schritt 1: Die Haare mit einem Glätteisen glätten und einen Zick-Zack-Scheitel ziehen. Hierzu mit einem Rattenschwanzkamm eine Zick-Zack-Form auf den Kopf zeichnen, anschließend beide Teile des Scheitels zur jeweils richtigen Seite legen.

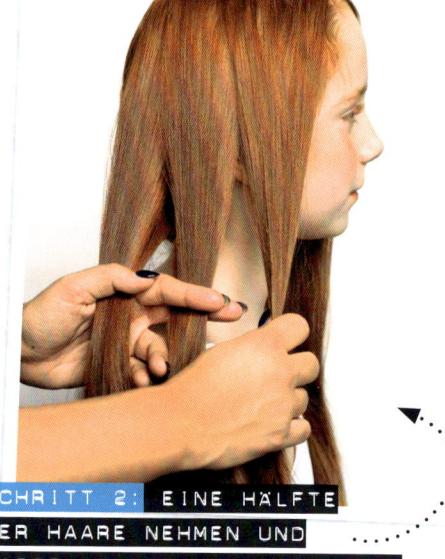

2

SCHRITT 2: EINE HÄLFTE DER HAARE NEHMEN UND DIESE IN DREI GLEICHGROSSE STRÄHNEN AUFTEILEN.

3

Schritt 3: Die äußere Strähne jedes Mal über die mittlere legen. Mit der Strähne rechts anfangen, diese zwischen die beiden anderen Strähnen legen.

Schritt 4: Jetzt die links liegende Strähne nehmen und diese wieder zwischen die anderen beiden legen. Auf diese Weise inks und rechts abwechseln bis zum Ende des Zopfes. Die Haarspitzen mit einem Gummiband zusammenbinden. Dasselbe an der anderen Seite wiederholen.

FESTLICHE EISPRINZESSIN

BASIC-LOOK

Model: Anna-Mae
Dauer: 10 Minuten

1

SCHRITT 1: AM HAARANSATZ ZWEI STRÄHNEN NEHMEN UND DIESE AM HINTERKOPF ÜBEREINANDER KREUZEN.

2

Schritt 2: Die beiden Strähnen miteinander verknoten, genau wie bei Schnürsenkeln.

Am Haaransatz nochmals zwei Strähnen nehmen und diese den beiden Haarenden des ersten Knotens zufügen.

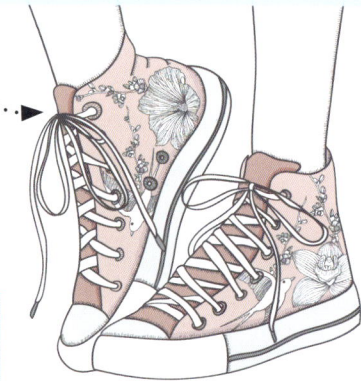

Schnell auf die nächste Seite schauen, um zu sehen, wie man diesen Look vollendet!

FESTLICHE EISPRINZESSIN

Schritt 3: Die neuen Strähnen und die Strähnen des ersten Knotens zu einem neuen Knoten zusammenbinden. Dies bis ganz nach unten wiederholen.

Schritt 4: Am Ende mit einem Gummiband alles fest zusammenbinden.

Schritt 5: Die Haarenden nach innen umschlagen und mit einer Haarspange fixieren.

TIPP!
EINE ROSA BLÜTE MACHT DIESEN LOOK PERFEKT!

WINTERLICHE EISKÖNIGIN

BASIC-LOOK

Model: Fleur
Dauer: 10 Minuten

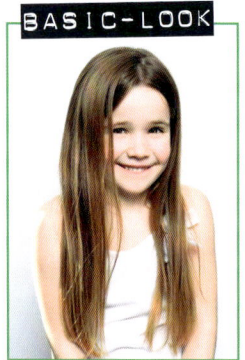

Schritt 1: Haare von der vorderen Oberseite des Kopfes nehmen und in drei gleichgroße Strähnen aufteilen.

Schritt 3: Jetzt die Strähne an der linken Seite nehmen und diese zwischen die beiden anderen Strähnen legen.

Schritt 4: Nun wieder die Strähne der rechten Seite zwischen die beiden anderen Strähnen legen. Dabei gleichzeitig eine kleine Strähne der Haare von derselben Seite hinzufügen.

Schritt 2: Die außenliegenden Strähnen nun immer über die mittleren legen. Mit der Strähne rechts anfangen, diese zwischen die zwei beiden anderen Strähnen legen.

Schritt 5: Nun wieder die linke Strähne zwischen die anderen beiden Strähnen legen. An dieser Seite auch eine kleine Strähne hinzufügen.

Schritt 6: Diese Schritte bis zum Ende wiederholen. Wenn es keine Strähnen mehr zum Zufügen gibt, die drei übriggebliebenen Strähnen weiter miteinander zu einem Zopf verflechten.

TIPP!

DEN ZOPF AN DEN SEITEN ETWAS AUSEINANDERZIEHEN, FÜR EINEN LÄSSIG-LOCKEREN LOOK!

SCHRITT 7: DAS ENDE DES ZOPFES MIT EINEM GUMMIBAND FESTBINDEN.

ELEGANTE EISKÖNIGIN

Model: Fleur
Dauer: 10 Minuten

Schritt 1: Zwei Strähnen an der Seite des Kopfes abteilen und daraus je einen Zopf flechten. Dazu jede Strähne in drei gleiche Partien aufteilen und die äußere Strähne jedes Mal über die mittlere legen.

Die Zöpfchen an der Unterseite mit durchsichtigen Gummibändern zusammenbinden.

TIPP! Dem oberen Teil der Haare haben wir jedes Mal kleine Seitensträhnen zugefügt. So entsteht Schritt für Schritt ein französischer Zopf (wie bei der vorigen Frisur).

Schnell auf die nächste Seite schauen, um zu sehen, wie man diesen Look vollendet!

Schritt 2: Am Hinterkopf die oberen Haare abteilen und diese in drei gleiche Strähnen aufteilen. Abwechselnd rechts und links die äußeren Strähnen über die mittlere legen. Während des Flechtens der Strähnen das Zöpfchen von der jeweiligen Seite mitflechten. Mit der rechten Strähne und dem rechten Zöpfchen anfangen, diese beiden zwischen die beiden anderen Strähnen über die mittlere legen.

Schritt 3: Jetzt die Strähne und den Zopf an der linken Seite nehmen und zwischen die anderen zwei Strähnen legen.

ELEGANTE EISKÖNIGIN

4

SCHRITT 4: NOCHMALS DIE STRÄHNE RECHTS ZWISCHEN DIE ANDEREN BEIDEN STRÄHNEN LEGEN.

SCHRITT 5: DIE LINKE STRÄHNE ZWISCHEN DIE ANDEREN BEIDEN STRÄHNEN ÜBER DIE MITTLERE LEGEN.

6

Schritt 6:
Dies abwechselnd rechts und links bis zu den Spitzen wiederholen und die Haare mit einem Gummiband festbinden.

❄ **TIPP!**
GLITZERSPANGEN
IM HAAR DÜRFEN
NATÜRLICH
NICHT FEHLEN!

#MÄRCHEN-PRINZESSINNEN

ZAUBERHAFTES DORNRÖSCHEN

BASIC-LOOK

Model: Jolien
Dauer: 20 Minuten

Schritt 1: Die Haare mit einem Lockenstab zu Locken drehen. Die Haare dazu Strähne für Strähne um den Lockenstab wickeln.

Danach die Locken sanft mit einer Flachbürste zurechtbürsten.

1

2

SCHRITT 2: EINE SEITE DER HAARE NACH HINTEN ZIEHEN UND MIT EINER SCHÖNEN SPANGE AM KOPF FEST-STECKEN. FÜR EINEN AUTHENTISCHEN DORNRÖSSCHEN-LOOK WÄHLT MAN NATÜRLICH EINE SPANGE IN ROSA!

LOCKIGES DORNRÖSCHEN

BASIC-LOOK

Model: Jolien
Dauer: 10 Minuten

1

2

Schritt 1: Die Haare mit dem Lockenstab zu Locken drehen. Dazu die Haare Strähne für Strähne um den Lockenstab wickeln.

Die Locken sanft mit einer Flachbürste zurechtbürsten.

Schritt 2: Seitlich zwei Haarsträhnen abteilen und diese nach hinten eindrehen.

3

SCHRITT 3: DIE BEIDEN HAARSTRÄHNEN MIT EINEM GUMMIBAND AM HINTERKOPF FESTBINDEN.

TIPP!
EIN HÜBSCHER, ROSA HAARREIF PASST HIER PERFEKT, ODER?

STRAHLENDES SCHNEEWITTCHEN

BASIC-LOOK

Model: Elysha
Dauer: 10 Minuten

Schritt 1: Am Haaransatz einen Teil der Haare abteilen und diesen in drei gleiche Strähnen aufteilen.

Schritt 2: Die äußere Strähne jedes Mal über die mittlere legen. Mit der rechten Strähne anfangen, diese zwischen die zwei anderen Strähnen legen.

Schritt 3: Jetzt die linke Strähne zwischen die anderen beiden Strähnen legen.

SCHRITT 4: NUN WIEDER DIE RECHTE STRÄHNE ZWISCHEN DIE BEIDEN ANDEREN STRÄHNEN LEGEN. GLEICHZEITIG EINEN KLEINEN TEIL DER OFFENEN HAARE VON DERSELBEN SEITE IN DIE STRÄHNE AUFNEHMEN.

Schritt 5: Dann die linke Strähne zwischen die anderen beiden Strähnen legen. Auch hier wieder einen kleinen Teil der offenen Haare in die linke Strähne aufnehmen.

Schritt 6: Diese Schritte bis zum Hinterkopf wiederholen. Wenn es keine Haare mehr aufzunehmen gibt, einfach mit den drei übriggebliebenen Strähnen weiterflechten.

Schnell auf die nächste Seite schauen, um zu sehen, wie man diesen Look vollendet!

STRAHLENDES SCHNEEWITTCHEN

SCHRITT 7: DIE HAARSPITZEN MIT EINEM GUMMIBAND ZUSAMMENBINDEN.

Schritt 8: Den Zopf zu einer Schnecke drehen und ihn an der Seite mit Haarnadeln feststecken.

TIPP!
SCHNEEWITTCHEN WÄRE KEIN ECHTES SCHNEEWITTCHEN, OHNE EIN SÜSSES, ROTES HAARBAND!

SÜSSES SCHNEEWITTCHEN

Model: Elysha
Dauer: 5 Minuten

Schritt 1: Die Haare nach hinten bürsten und ein Haarband über den Kopf ziehen.

TIPP!
AUCH HIER IST ROT DIE ANGESAGTE SCHNEEWITTCHEN-FARBE!

Schritt 2: Alle offenen Haare zusammendrehen, von oben hinter das Haarband schieben und feststecken.

UMWERFENDE CINDERELLA

BASIC-LOOK

Model: Lara
Dauer: 10 Minuten

Schritt 1: Den hinteren Teil der Haare zu einem Pferdeschwanz zusammenbinden. Zwei lose Strähnen an der Vorderseite abteilen.

1

2

SCHRITT 2: EIN DUTTKISSEN ÜBER DEN PFERDESCHWANZ ZIEHEN.

3

Schritt 3: Die Haare vom Pferdeschwanz gleichmäßig über das Duttkissen verteilen, und alles mit einem weiteren Gummiband zusammenbinden.

4

Schritt 4: Den Rest der Haare mit Schiebespangen gut feststecken.

Schnell auf die nächste Seite schauen, um zu sehen, wie man diesen Look vollendet!

UMWERFENDE CINDERELLA

5

6

Schritt 6: Jetzt dasselbe an der anderen Seite wiederholen und auch diese Strähne mit einer Schiebespange feststecken.

TIPP! Mit einem Kamm oder einer Toupierbürste kann man einen schönen Schwung in die zweite Strähne drehen. Für einen Hauch extra Cinderella-Flair!

TIPP!
CINDERELLA
+
BLAUES HAARBAND
=
PERFEKTION

EINZIGARTIGE CINDERELLA

Model: Lara
Dauer: 10 Minuten

Schritt 1: Am Hinterkopf zwei gleichgroße Pferdeschwänze binden. An der Vorderseite zwei Haarsträhnen abteilen und diese zu zwei kleinen Zöpfen flechten. Für jeden kleinen Zopf die Haarsträhne in drei Strähnen aufteilen. Die äußere Strähne jedes Mal zwischen die zwei anderen Strähnen über die mittlere legen. Mit der Strähne an der rechten Seite anfangen und diese zwischen die zwei anderen Strähnen legen. Dasselbe an der linken Seite machen, und auf diese Weise bis in die Haarspitzen weiterflechten. Die Zöpfe mit Gummibändern gut festbinden.

SCHRITT 2: DIE PFERDESCHWÄNZE UM DIE FINGER WICKELN UND SO SCHLAUFEN FORMEN.

ROYAL cutie!

Schritt 3: Den Zipfel des Pferdeschwanzes wie bei einem Knoten durch die Schlaufe hindurchziehen.

TIPP! Falls noch eine lange Strähne übrig bleibt, einen zweiten (und eventuell dritten) Knoten machen, bis an der Spitze fast keine Haare mehr übrig sind.

Schnell auf die nächste Seite schauen, um zu sehen, wie man diesen Look vollendet!

EINZIGARTIGE CINDERELLA

TIPP!
FÜR EINEN EXTRATOLLEN CINDERELLA-EFFEKT DIE FRISUR MIT GROSSEN, BLAUEN SCHLEIFEN AN BEIDEN SEITEN VERSCHÖNERN.

4

Schritt 4: Die Knoten mit Schiebespangen gut feststecken.

Die beiden kleinen Zöpfe nacheinander nach hinten um die beiden Knoten legen und mit einer Spange fixieren.

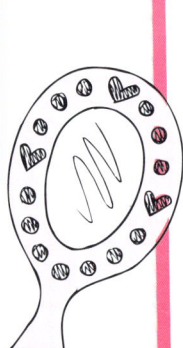

cutie!

#COOLE PRINZESSINNEN

HEITERE MEERJUNGFRAU

BASIC-LOOK

Model: Anna-Mae
Dauer: 10 Minuten

1

SCHRITT 1: DIE HAARE ZUERST MIT EINEM GLÄTTEISEN GLÄTTEN.

2

3

Schritt 2: An jeder Seite einen kleinen Zopf flechten. Dazu die abgeteilten Haare in drei gleiche Strähnen aufteilen und jedes Mal die äußere Strähne über die mittlere legen. Mit der Strähne rechts anfangen, diese zwischen die beiden anderen Strähnen legen. Dann die Strähne an der linken Seite nehmen und diese auch über die mittlere legen. Auf diese Weise bis zu den Haarspitzen weitermachen.

Schritt 3: Eine der drei Strähnen am Ende des Zopfes zwischen die Finger nehmen und die beiden anderen Strähnen hochschieben. Dasselbe beim anderen Zopf wiederholen.

Die beiden Zöpfe mit einem Gummiband zusammenbinden.

FESCHE MEERJUNGFRAU

BASIC-LOOK

Model: Anna-Mae
Dauer: 10 Minuten

1

Schritt 1: Zuerst die Haare mit einem Glätteisen glätten.

2

SCHRITT 2: AN DER VORDERSEITE DER HAARE DREI GLEICHGROSSE STRÄHNEN ABTEILEN UND JEDE STRÄHNE MIT EINEM GUMMIBAND ZUSAMMENHALTEN.

Schritt 3: Jedes kleine Zöpfchen in zwei Strähnen aufteilen. Die beiden Strähnen von zwei nebeneinanderliegenden Zöpfchen mit einem neuen Gummiband zusammenbinden.

Für das Endergebnis schnell weiterblättern!

FESCHE MEERJUNGFRAU

ORIENTALISCHE PRINZESSIN

BASIC-LOOK

Model: Cagla
Dauer: 10 Minuten

1

Schritt 1: Zwei Strähnen an der Vorderseite der Haare abteilen und diese nach hinten eindrehen. Die Strähnen mit einem Gummiband zusammenbinden.

TIPP! Wenn die erste Strähne fertig ist, diese mit einer Schiebespange oder einem Entenschnabel festhalten. Dann hat man die Hände frei für die zweite Strähne!

2

SCHRITT 2: JETZT ALLE HAARE ZUSAMMENNEHMEN UND MIT EINEM ZWEITEN GUMMIBAND, UNGEFÄHR ZEHN ZENTIMETER UNTER DEM ERSTEN GUMMIBAND, FESTBINDEN.

Schnell auf die nächste Seite schauen, um zu sehen, wie man diesen Look vollendet!

ORIENTALISCHE PRINZESSIN

Schritt 4: Um den Look perfekt zu machen, die Haare zwischen den Gummi-bändern auseinanderziehen, um damit schöne „Bommeln" in den Zopf zu zaubern.

SCHRITT 3: JETZT DEN PFERDESCHWANZ AN DER UNTERSEITE MIT EINEM GUMMIBAND ZUSAMMENBINDEN. BEI SEHR LANGEN HAAREN EINFACH WEITERE GUMMI-BÄNDER IM ABSTAND VON 10 CM EINARBEITEN!

TIPP!
NIE VERGESSEN:
IM ORIENT LIEBT
MAN GOLD UND
BLING-BLING!

1001-NACHT-PRINZESSIN

BASIC-LOOK

Model: Cagla
Dauer: 10 Minuten

Schritt 1: Oben am Kopf einen hohen Pferdeschwanz mit einem Gummiband festbinden.

SCHRITT 2: EINE STRÄHNE DER HAARE UM DAS GUMMIBAND HERUMDREHEN UND MIT EINER SCHIEBESPANGE BEFESTIGEN.

Schritt 3: Verschiedene Gummibänder in regelmäßigen Abständen über die Länge des Pferdeschwanzes verteilen. Auf diese Weise bis zu den Haarspitzen weitermachen.

Schritt 4: Auch hier kann man schöne „Bommeln" in den Zopf zaubern. Dazu einfach die Haare zwischen den Gummibändern etwas auseinander-ziehen.

TIPP!

NICHT VERGESSEN:
BLING-A-LING-
A-LING!

BEZAUBERNDE BELLE

BASIC-LOOK

Model: Fleur
Dauer: 5 Minuten

Schritt 1: Die Haare nach hinten kämmen und mit einem Gummiband zu einem Nackenschwanz zusammenbinden.

TIPP! Für einen extra glamourösen Effekt die Haare an den Seiten nach innen eindrehen.

Schritt 2: Den Pferdeschwanz in die Hände nehmen, die Haare hochhalten, nach innen drehen und sie hinter dem Gummiband des Pferdeschwanzes hindurchziehen.

TIPP! MAN KANN EINEN SPEZIELLEN HAAR-TWISTER BENUTZEN, UM DIE HAARE EINFACHER DURCH DEN PFERDESCHWANZ ZU ZIEHEN, ABER MIT DEN FINGERN FUNKTIONIERT ES AUCH PRIMA!

TIPP!
DIESE PRINZESSIN
LIEBT GELBE
HAARSPANGEN!

FRÖHLICHE BELLE

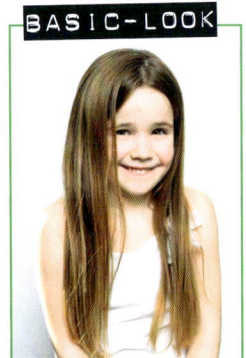

BASIC-LOOK

Model: Fleur
Dauer: 10 Minuten

SCHRITT 1: AN JEDER SEITE EINE STRÄHNE DER HAARE NEHMEN UND DIESE HINTEN AM KOPF ZU EINEM HALBEN PFERDESCHWANZ ZUSAMMENNEHMEN.

Schritt 2: Wenn man die Haare zum zweiten Mal durch das Gummiband zieht, nicht die ganze Strähne hindurchziehen, sondern stoppen, sobald sich eine Schlaufe bildet.

2

3

Schritt 3:
Die Schlaufe in zwei gleichgroße Teile aufteilen.

4

Schritt 4: Die beiden Schlaufen nach außen ziehen und an den Kopf legen, dann an der Hinterseite mit Haarnadeln feststecken.

Schnell auf die nächste Seite schauen, um zu sehen, wie man diesen Look vollendet!

FRÖHLICHE BELLE

TIPP!

SOLL ES GENAU WIE EINE ECHTE SCHLEIFE AUSSEHEN? EINFACH EINE EXTRA HAAR-STRÄHNE VON UNTEN QUER ÜBER DIE SCHLEIFE DURCH DIE INNENSEITE VOM GUMMIBAND ZIEHEN.